Совершенствование своего поля эмоциональной энергии

Шям Мехта

Сильны ли вы эмоционально?

Угнетает ли вас что-нибудь?

Ответом на это будет да, угнетает и вы не сильны

Шям Мехта, Центр Любящего Сердца
www.lovingheartcentre.net

Совершенствование своего поля эмоциональной энергии

Шям Мехта

Том 5, Собрание Центра Любящего Сердца

Издательство: ВИПОЛ, Украина

Киев, 2005

ISBN: 5-8238-0838-0

Сильны ли вы эмоционально?

Угнетает ли вас что-нибудь?

Ответом на это будет да, угнетает и вы не сильны

Мои работы

Я написал 42 книг, которые приведены ниже. Каждое слово во всех книгах пришло непосредственно от Бога Шри Кришна. Но современному западному уму эти книги часто не по вкусу. То что в них говорится кажется иногда смешным. Иногда абсурдным. Но если каждую фразу внимательно рассмотреть медитативным путём, можно набрать багаж правды, который поможет вам в жизни. Например, если взять мою книгу «Совершенствование своей сферы эмоциональной энергии», и просто смотреть в течение 3 минут на мою картину, представленную на обложке, то волнение вашей эмоциональной энергии (после того, как вы были расстроены, грубость, злость и т.п.) будет излечено. Я не думаю, что в чём-нибудь ошибся, передавая то, что сказал мой Бог.

Что представляет сегодня западный мир? Весь мир сегодня западный. Так что, когда я говорю «предвзятый западный ум», я рискую изменять весь мир. Таково моё внутреннее существо или существо Бога. Хотя в этом проекте Он кажется делает доброе дело.

Книга шуток (A Book of Jokes), ISBN: 978-1-4092-9071-1
Приятные, не сексуальные и не расистские шутки.

Руководство мужчины по достижению любви и счастья (A Man' s Guide to Developing Love and Happiness), ISBN: 1-4121-5210-0
Я показываю и мужчинам и женщинам, что счастливую жизнь можно вести более спокойным путём, чем вам кажется.

Астрология и анализ снов (Astrology and Dream Analysis), ISBN: 978-1-4092-9024-7
Ваше астрологическое число. Послания из ваших снов. Система Аллаха.

Моя автобиография (Autobiography of me), ISBN: 978-1-4092-8654-7
Кто я действительно такой.

Христианство (Christianity), ISBN: 978-1-4092-9112-1
Почему всё зло мира начинается отсюда. Почему это сейчас уже история.

Экономика (Economics), ISBN: 978-1-4092-9137-4
Оригинальный практический взгляд на эту старую «науку».

Заключительные размышления (Final Thoughts), ISBN: 978-1-4092-8953-1
Здесь подытоживаются наиболее практичные из всех мудрых идей, которые необходимы, чтобы вести здоровую, счастливую, заполненную радостной любовью жизнь.

Будущий мир (Future World), ISBN: 978-1-4092-9058-2
Какова разумная оценка главных факторов, которые будут влиять на вас в течение следующих 20 лет?

Бог (God), ISBN: 978-1-4092-8918-0
Предсказания. Решать следует вам.

Здоровье (Health), ISBN: 978-1-4092-9052-0
Что такое «делать». Что делать. Что не делать.

Как учить своего ребёнка английскому языку (How to Teach Your Child English), ISBN: 978-1-4092-9135-0
Лучший метод.

Как учить своего ребёнка общим знаниям (How to Teach Your Child General Knowledge), ISBN: 978-1-4092-9104-6
Большая часть из того, что он учит, ему не требуется. Здесь говорится о том, что ему требуется.

Как учить своего ребёнка математике (How to Teach Your Child Maths), ISBN: 978-1-4092-9103-9
Полный курс математики, простым образом изложенный математиком.

Набор инструментов человека для самоанализа (Human Being Self Analysis Kit), ISBN: 1-4121-5380-8
Насколько хорошо работают ваши половые органы, тело, эмоциональный центр и ум?

Индийский брак (Indian Marriage), ISBN: 1-4121-5321-2
Как достичь долговременного счастливого супружества?

Индийская философия и религия (Indian Philosophy and Religion), ISBN: 1-4121-5211-9
Индийская философия помогает достичь цели в жизни.

Уроки от животных (Lessons from Animals), ISBN: 978-1-4092-8897-8
Ваша иммунная система серьёзно повреждена. Почему это не происходит у диких животных?

Естественная медицина (Natural Medicine), ISBN : 1-4121-4384-0
Что вам поможет, а что – нет.

Оксфордский университет (Oxford University), ISBN: 978-1-4092-9098-8
В этом мире только швейцарские университеты могут быть хуже. Почему важно это знать.

Люди без одежды (People with no Clothes), ISBN: 1-4121-5365-4
Почему Бангалоре, Индия, является местом, которое существовало 50.000 лет назад.
Сколько у них было детей?
Где сегодня люди без одежды?

Совершенствование своей сферы эмоциональной энергии (Perfecting Your Emotional Energy Sphere), ISBN: 1-4121-5164-3
Вам требуется справиться с корневой причиной, единственной эмоциональной болезнью, которая пагубно действует на вас.

Совершенствование своей сферы энергии любви (Perfecting Your Love Energy Sphere), ISBN: 1-4121-5169-4
Любовь необходимо искать. В эту эпоху она не падает с неба. Она требует и усилий, и времени.

Совершенствование своей сферы умственной энергии (Perfecting Your Mental Energy Sphere), ISBN: 1-4121-5165-1
Совершенный ум поглощает информацию, которая вам нужна, беспристрастно её анализирует и затем принимает решение.

Совершенствование своей сферы физической энергии (Perfecting Your Physical Energy Sphere), ISBN: 1-4121-5167-8
Является ли ваше тело сильным здоровым и находится ли в хорошей форме? Довольны ли вы состоянием своего тела?

Совершенствование своей сферы сексуальной энергии (Perfecting Your Sexual Energy Sphere), ISBN: 1-4121-5163-5
Вам требуется активная половая жизнь со своим супружеским партнёром. Какие шаги необходимо предпринять, чтобы достичь этого?

Поэмы и песни (Poems and Songs), ISBN : 978-1-4092-8831-2
Поэзия – это проза, которая звучит в рифму. Здесь несколько красивых поэм и песен.

Физика (Physics), ISBN: 978-1-4092-9114-5
Абсурд в современной физике. Настоящие законы физики.

Наука (Science), ISBN: 1-4121-5235-6
Новые отрасли науки, предназначенные помочь миру.

Шримад Бхагавад Гита и комментарий (Shrîmad Bhagavad Gîtâ and Commentary), ISBN: 978-1-4092-8758-2
Забудьте о других переводах и комментариях. Этот перевод предназначен для вас.

Духовное и религиозное путешествие (Spiritual and Religious Journey), ISBN: 1-4121-5206-2
Все ваши энергетические сферы должны быть удовлетворены. Необходимо начать со своей сексуальной энергии.

Рассказы для детей (Stories for Children), ISBN: 978-1-4092-8990-6
Занимательные рассказы, которые заставляют забыть о телевизоре, компьютерах и других ужасах современности.

108 голов Господа Патанджали (The 108 Heads of Lord Patanjali), ISBN: 1-4121-5160-0
Пользуясь простой математической логикой, я показываю, что Йога-Сутры представляют собой ловушку для учёных.

Восемь священных писаний Индии (The Eight Sacred Texts of India), ISBN: 1-4121-5162-7

Я показываю, что писания были тщательно продуманы, чтобы впечатлить и воздействовать на персидских правителей Индии.

История Мира (The History of the World), ISBN: 1-4121-5166-X

С самого начала Вселенной для всей её истории присутствует единственная причина.

Психология разума (The Psychology of the Mind), ISBN: 978-1-4092-9042-1

Господин западный психолог, неужели основа моего разума подобна основе разума Ейнштейна или Сталина? Он не знает. В этой книге я представляю оригинальные идеи о том, как вы можете познать себя.

Западная философия (Western Philosophy), ISBN: 1-4121-5207-0

Я подытоживаю, что это такое.

Что следует знать мужчинам о христианских женщинах (What Men Should Know about Christian Women), ISBN: 1-4121-5450-2

Два типа женщин. Обоим типам женщин требуется любовь. Эта книга рассказывает, как любить женщину одного из этих типов.

Что делать со свиным гриппом и другое (What to do about Swine Flu and Other Matters), ISBN 978-1-4092-9077-3

У меня есть противоядие.

Обнажённая женщина (Women laid bare), ISBN: 978-1-4092-8960-9

Предназначение женщин. Их функциональность. Их композиция(и).

Йога (Yoga), ISBN: 1-4121-5161-9

Упражнения йогой, дыхательные упражнения и медитация несут много вредных эффектов.

Йога: по Айенгару, Часть II (Yoga: The Iyengar Way, Part II), ISBN: 978-1-4092-9089-6

Что такое позы, и когда их нужно принимать.

Вы сами и ваш ум (Your Self and Mind), ISBN: 1-4121-5208-9

Сегодня и сам человек и его ум работают неправильно. Я объясняю как можно помочь себе.

Эти книги можно приобрести у большинства книготорговцев. Книги изданы на английском языке и готовятся к изданию на арабском, бенгальском, китайском, мандаринском, французском, немецком, итальянском, португальском, русском и испанском языках.

Многие из моих картин представлены на моём вэб-сайте:
www.lovingheartcentre.net/MyPaintings.htm

Предисловие

В моих медитациях за последние четыре года мне была дана информация, которая изложена в этой книге. Вы не сможете её прочитать ни в одной древней индийской рукописи и, тем более, вы не сможете её найти в каком-либо другом месте.

Вкус пудинга можно оценить, только попробовав его. Ни один из способов, предлагаемых вам, чтобы исцелиться, не принесёт вам вреда. Лекарство не бывает с очень сильным вредным побочным эффектом. Не стоит тратить много времени, убеждая кого-то в особенностях своей личной жизни.

Задайте себе вопрос, если вы пойдёте на расходы и трудности, связанные с посещением психиатра или приёма лекарств, то существует ли точное свидетельство того, что эти действия вам поможет. На мой взгляд – нет.

Вам нужно сформировать своё собственное мнение. Лучше всего для этого, прежде, чем обращаться к кому-то за помощью, поискать в Интернете материал на ту тему, от чего вы хотите исцелиться. Один психиатр скажет одно, другой – другое. Его опыт и те книги, что он прочитал, построены на ответах людей. Проблема здесь с недостатком правды. В 75 % случаев ответы лживы. Индийская мудрость гласит: «Мы живем в век Kali Yug и 75% всей доброты и правды в мире, исчезло». Даже если кто-то сознательно не лжёт, он или она просто не знают ответа на такие сложные вопросы как 'ты влюблен?' или подобные этому вопросы, которые задает психолог. Следовательно, в среднем 50 % ответов – ложь. Чем ближе и важнее что-то для вас, тем ревностнее вы его охраняете. Поэтому можно с уверенностью сказать, что 75 % случаев - ложные ответы. Следовательно, ни на одно статистическое исследование полагаться нельзя. Спросите любого статиста. Всякая «наука», которая опирается на опросы людей - фикция.

Людей вводят в заблуждение, говоря что, если слова «психиатрия» и «психиатры» существуют, то за ними должна стоять какая-то наука.

Шям Мехта

Центр Любящего Сердца

www.lovingheartcentre.net

15 октября 2005

Содержание

Введение

Чакра, то есть колесо энергии, которое управляет вашими эмоциями, называется Сурья, или Солнечная чакра. Расположена она в позвоночнике на уровне между пупком и диафрагмой.

Эмоции являются частью вашей главной жизненной силы, и поэтому управлять ими сложно. Они входят в тело через ноздри, в основном с воздухом. Воздух, которым вы дышите, загрязнён, и это загрязнение воздействует на форму вашей чакры Сурья. Всё разнообразие событий, ниспосылаемых вам Богом, и ваша реакция на них, углубляют нарушения чакры Сурья. Загрязнение воздуха в наши дни - огромно, а поэтому, и эмоциональные расстройства повсеместны.

Ваше поле эмоциональной энергии резонирует с любовью (в действительности – эмоциональной привязанностью), которая исходит от окружающих вас людей. Энергия, такая как злость, страх и ненависть, нарушает равновесие человека. Эмоциональная энергия становится положительной, если любовь исходит не от вашего супружеского партнёра, а от других людей.

Сегодня люди живут «головой» (а не чувчтвами, *прим. пер.*). Не часто можно встретить пару, в которой люди любят друг друга. Им кажется, что они любят друг друга, потому что чувствуют эмоциональную привязанность, заботятся друг о друге и занимаются сексом. С точки зрения индийских традиционных понятий люди сегодня в браке не находятся. Следовательно, ваш «супружеский» партнёр отличается от вас и тоже является важным источником эмоционального комфорта.

Эмоции составляют часть жизненной силы, другими составляющими которой являются любовь и сексуальность. Именно эти три аспекта, в конечном итоге, отличают живое от неживого. Можно создать компьютер, который смог бы анализировать, чувствовать или принимать решения. Человеческое существо обладает всеми тремя аспектами, у животных есть половой инстинкт и эмоциональность, растения имеют только половой аспект в своём существовании.

Неспособность достигнуть целей, которые вы поставили перед собой, ведёт к потере побуждений во всех аспектах вашей жизни. Если это с вами происходит, то следует сделать следующее:
* Ляжьте на спину и на некоторое время расслабьтесь. Расслабление вас оживит.
* Выполните несколько обычных житейских дел или прогуляйтесь.
* Затем, сядьте и обдумайте свою задачу:
  * не слишком ли вы напрягаетесь, когда есть более важные дела?
  * может быть, вы начали выполнение своего плана слишком рано?
Вам нужно снизить активность в том, что вы делаете, закончить то, что должно быть закончено, а также подождать, пока другие не обратят внимание на то, что вы хотите сделать, и не помогут вам.

Вам стоит помнить ещё об одном моменте при оздоровлении своего состояния. Нужно быть настойчивым в важных делах и ненастойчивым в неважных. В противном случае человек оказывается в чрезмерной суете, ему чересчур начинают докучать другие.

Глава 1. Эмоциональные проблемы

Люди заняты работой и невыдержанны. У вас не хватает времени сделать всё то, что, вы планировали и и, поэтому, никакое вмешательство в вашу жизнь не приветствуется. А неудачи на работе, проблемы с коллегами, с вашим супружеским партнёром и детьми ведут к всё большей и большей раздражённости или к стремлению уйти в себя и сдаться. Вы больше заняты работой или своими увлечениями, чем людьми и человеческими отношениями.

Поскольку неудовлетворённость в сексуальном плане повреждает поле энергии любви, то недостаток любви, в свою очередь, повреждает эмоциональную энергетическую сферу. Ваши родители оставляют вас одного, и вы становитесь замкнутым, робким, обиженным. Ваш супруг, которого вы любите, оставляет вас, и вы огорчаетесь. Ваш сын или дочь оставляет вас, когда вырастает, и ваше сердце сжимается.

Посмотрите на типичную маму, идущую по улице с ребёнком в коляске. Счастлива ли эта мама? Обращает ли она вообще внимание на своего ребёнка? По большей части, она старается избавиться от него на как можно большее время. Как только сможет, она отправит его в садик, потом – в школу. Она хочет продолжать вести свою жизнь. Ребёнок для неё помеха, которую надо кормить, мыть и терпеть. Он для неё препятствие, которое мешает ей делать то, что она на самом деле хочет. Конечно, она тоже любит и гордится своим ребёнком. Она очень надеется, что если она ухаживает за ним, то он будет присматривать за ней в старости или поможет, если ей понадобится помощь, когда она останется без мужа. Скорее всего она будет разочарована, но это уже отдельная история.

Любовь к своим родителям и детям – это эмоциональная привязанность. Но эта привязанность является прочной, поскольку формируется медленно и на протяжении многих лет. Соответственно, чтобы пережить разлуку, требуется много времени.

Сталкиваясь с новой проблемой, ребёнок не знает, что делать. Он спрашивает своих родителей.

Мужчина или женщина с не совсем совершенным эмоциональным здоровьем напоминает ребёнка. Он или она не знает, что делать. Перед ним или перед ней стоят большие возможности или спорные вопросы, необходимо сделать что-то важное для него или для неё. Однако, он или она не может принять решение и, вместо этого, думает о других делах.

Проблема не в том, что человеку не хватает времени для принятия решения, а в том, что он или она не может принять это решение, и никогда не сможет.

Эмоциональное здоровье двоичное: вы либо эмоционально здоровы (и можете принимать решения, которые воздействуют на ваш эмоциональный центр), либо нет.

Как узнать, есть ли у человека эмоциональные трудности? «Да, может быть у меня и есть небольшие проблемы, но это всё мелочи, с которыми я прекрасно справлюсь сам». Это уверенный признак эмоциональной слабости, показатель того, что человек сам не справится! Наверное, вы должны были бы спросить, знаю ли я кого-нибудь, у кого нет таких проблем. Алкоголь, курение, наркотики, сексуальная распущенность – это всё симптомы.

От горя, злости или целого набора «негативных» эмоций человек может стать несчастным. А положительные эмоции, с противоположной стороны, помогают человеку справиться с трудностями в других энергетических сферах, например, излечить болезнь.

Глава 2. Эмоции

2.1. Если вы не продвинуты в практике йоги, в каждый момент времени ваш ум находится в одном (но не более) из 45 главных эмоциональных состояний. Они перечисляются в текстах классического индийского танца (Натья Шастра):

1	Спокойный	Tranquil
2	Чувственный	Sensuous
3	Весёлый	Humorous
4	Жалкое поведение	Pathetic behaviour
5	Взбешённый	Furious
6	Ужасный	Terrible
7	Гротескность	Grotesqueness
8	Жалкие эмоции	Pathetic emotions
9	Свирепость	Ferocity
10	Безмятежность	Serenity
11	Эротический	Erotic
12	Смешной	Comic
13	Сострадание	Compassion
14	Возмущение	Wrath
15	Страх (за себя)	Fear (of oneself)
16	Отвага	Valour
17	Отвращение	Disgust
18	Изумительный	Marvellous
19	Преданный	Devotional
20	Очаровательный	Fascinating
21	Презрение	Contempt
22	Эфирный	Ethereal
23	Любовное	Amorous
24	Спокойное размышление	Peaceful thinking
25	Творческий	Creative
26	Насмешка	Ridicule
27	Жалкие мысли	Pathetic thoughts
28	Спокойные эмоции	Peaceful emotions
29	Любовь	Love
30	Радость	Mirth
31	Печаль	Sorrow
32	Гнев	Anger
33	Страх (Бога)	Fear (of God)
34	Смелость	Courage
35	Отвращение	Aversion
36	Удивление	Wonder
37	Покой	Calmness
38	Улыбка	Smile
39	Довольный	Glad
40	Безразличие	Indifference
41	Горе	Grief
42	Дрожь	Quivering
43	Испуг	Fright
44	Героизм	Heroism
45	Невыносимое отношение	Unbearable attitude

Нам следует определить, что подразумевается под каждой эмоцией.

2.2. Спокойный. Эмоция спокойствия означает, что ваша эмоциональная энергия не беспокоит работу мозга. Жизнь полна эмоций, любви и злости, счастья и так далее. В этой эмоции вы не наслаждаетесь жизнью в полной мере. Ваша эмоциональность подавлена.

2.3. Чувственный. В этом состоянии на ваш ум влияет удовольствие. Вам нравится вкусная еда, сладкие запахи, приятные звуки, роскошность горячей ванны и красивых объектов. Управляете не вы. управляют ваши чувства. Вы собоались, что-то сделать. Но вдруг, подумали о вкусном обеде. Не смотря на отсутствие голода, вы идёте обедать.

2.4. Весёлый. ваш ум часто объят весельем. Вы со своими друзьями смеётесь друг над другом. Вы шутите в семье. Независимо от того, действительно ли что-то смешно или нет, вы склонны найти это смешным.

2.5. Жалкое поведение. Вы чувствуете себя жалким, в проигрыше. По сравнению со своими друзьями и коллегами вы ощущаете себя маленьким, одиноким. Вы чувствуете, что не отвечаете требованиям. Вы не можете поддерживать их разговор.

2.6. Взбешённый. Некоторые люди часто бесятся. Они хотят, чтобы вы что-то сделали, а вы это не делаете или делаете это не так. Эмоция взбешённости – это тип гнева, который возникает только в отношении воспринятого вреда, причинённого другим лицом.

2.7. Ужасный. Вы себя чувствуете нехорошо. Вы «не в своей тарелке». Иногда такое состояние бывает, потому что вы больны. Тогда вы чувствуете себя по истине ужасно. Чаще вы не бываете больны и, поэтому, чувствуете себя не совсем ужасно. Но, ваш мозг несёт постоянную тяжесть влияния на него этой эмоции. Даже если вы занимаетесь чем-то, что вам нравится, это не приносит удовольствия.

2.8. Гротескность. Это необычное видение ситуации. Вроде бы всё нормально, но вы находите ситуацию необычной. Что-то не совсем нормально, и вы понимаете, что это абсолютно странно.

2.9. Жалкие эмоции. Происходит что-нибудь приятное, и вам бы ощущать себя очень счастливым. А вместо этого, вы чувствуете себя только немного счастливым. Точно также сдержаны и другие ваши сильные эмоции.

2.10. Свирепость. Иногда случается что-то неприятное, и вы реагируете чересчур агрессивно. Если вам кто-нибудь говорит то, что вам не нравится или не приятно, вы заходите слишком далеко.

2.11. Безмятежность. Вы не в безмятежной обстановке, но чувствуете покой. Кто-то поранился, но вас это не тревожит. Вы чувствуете себя отделённым от окружающего мира. Как буд-то вы смотрите спектакль, но не принимаете в нем никакого участия.

2.12. Эротический. Вы видите красивую женщину, и вы возбуждены. Вы видите сильного мужчину и хотите заняться с ним любовью.

2.13. Смешной. Вы действуете, как комедийный актёр. Когда вы находитесь среди знакомых людей, вы становитесь предметом своих и их шуток.

2.14. Сострадание. Не зависимо от обстоятельств вы испытываете беспокойство о других. Человек может быть более компетентен, чем вы, но вы пытаетесь ему помочь. Даже, может быть, ничего полезного нельзя сделать, но вы всё равно пытаетесь помочь.

2.15. Возмущение. Возмущение представляет собой ещё один вид гнева. Человек делает нечто неправильное, и вы испытываете гнев, который, в то же время, подразумевает возможность исправления неверных действий. Это тип гнева, который возникает у Бога. Но, иногда, гнев такой формы охватывает человека, даже если он или она не почитает Бога. Тогда Он не может исправить неправильные действия.

2.16. Страх за себя. Вы не знаете, какую странность вы сделаете в следующий момент. За вами уже тянется история совершения неправильных поступков, наносящих вам вред.

2.17. Отвага. Это когда вы совершаете смелые поступки, такие, как признать свою вину перед коллегами, если вы сделали что-то неправильно. Или рассказать семье о своей слабости.

2.18. Отвращение. Даже если что-то и не является плохим, вы чувствуете к нему отвращение. В кино показывают несколько голых людей, и вы испытываете отвращение. Человек ругается, и вы испытываете отвращение. Вы реагируете, как будто случилось нечто действительно ужасное, хотя это не так.

2.19. Изумительный. Даже если что-то и не замечательно, вы поражены. Вы удивлены, как оно хорошо, в то время, как это есть и не совсем неожиданное, и не то, чтобы ошеломляюще хорошее событие. Иногда люди говорят «изумительный» рутинно, употребляя это слово, как обыденное. Вы говорите, что сделаете что-то, что они хотят, и они говорят «изумительно», как альтернативу для слова «хорошо». Это не то, что означает настоящая эмоция. Под этой эмоцией вы подлинно чувствуете себя «изумительно» в противоположность, скажем, когда вы говорите, что чувствуете себя изумительно. Обычно, если случается нечто хорошее, вы только приятно удивлены на короткое время. В случае, когда человек страдает под этой эмоцией, он или она чувствуют себя действительно счастливыми в течение нескольких дней.

2.20. Преданный. Преданное отношение у вас создаётся, когда вы хотите любить кого-то, кто не достоин любви. Вы можете быть преданны мужу или жене, которые вас не любят. Вы взрослый человек и любите математику, не смотря на то, что она не касается вашей работы. Вы можете любить природу больше, чем любите близких людей.

2.21. Очаровательный. Вас очаровывают вещи, которые не назовёшь очаровательными или важными. Вас интересует модная женская одежда, даже не смотря на то, что у вас нет перспектив на достаточную сумму денег, чтобы купить её. Вы выразили искреннее удивление и интерес к тому, как дешево что-то стоит, даже не смотря на то, что эта вещь вам не нужна.

2.22. Презрение. Эта эмоция появляется, когда вы считаете кого-то ниже себя. Вы оцениваете людей менее важными в определённом понимании, чем есть сами. Человек является женщиной, поэтому вы считаете, что можете её унижать. Или он есть американский индеец, абориген или негр и поэтому белый человек может причинять ему боль. Почти каждый человек в мире чувствует презрение к какому-нибудь человеку или группе людей. Чувство, что кто-то представляет меньшую важность, чем вы, по существу есть отображение вашего внутреннего комплекса.

2.23. Небесное. Вы не вступаете в схватку с фактами и ситуациями, в которых находитесь. вам необходимо заполнить налоговую декларацию, в противном случае вас ждёт крупный штраф. У вас есть время, чтобы это сделать. Это вас переполняет.

2.24. Любовное. Вы чувствуете, как будто занимаетесь любовью в обстановке, которая для этого не подходит. Например, когда ваш партнёр печален, на людях или с человеком, который вас не любит.

2.25. Спокойное размышление. Ситуация требует срочных действий – то ли бежать, то ли грубо отвечать. Но вы предпочитаете «закопать голову в песок» и сделать вид, что всё хорошо. вам хорошо гулять по минному полю и не бежать домой, несмотря на приближение пожара.

2.26. Творчество. Творчество – это хорошо, но всё делается в своё время и в своём месте. У вас есть 20 минут, чтобы сварить обед, и в то же время успеть попробовать приготовить новое блюдо, которое требует больше времени. Ваш хозяин попросил вас сделать что-то определённым образом. Он здравомыслящий человек. Вы не против сделать это таким образом. Но решаете быть безрассудным и оказаться пусть непроизводительным, зато новатором. С этой эмоцией вы тратите своё время в пустую. Настоящего творчества в этом нет, вы только притворяетесь, играя в творчество.

2.27. Насмешка. Даже если кто-нибудь делает хорошую работу или сам по себе хорош, вы чувствуете, как-будто заставляете его или её ощущать себя маленькими. Вы ничего не можете с собой поделать, даже не смотря на то, что знаете, что поступаете нехорошо.

2.28. Жалкие мысли. Мы рассмотрели жалкое поведение (эмоция 4) и жалкие эмоции (эмоция 8). А в данном случае являются глупыми сами ваши мысли. У вас хорошая жена, но вас осаждают странные мысли, что она бесполезна. Нужно собраться для выполнения предстоящей трудной задачи а вам в голову приходит мысль, что нужно посмотреть какие-то мультики.

2.29. Спокойные эмоции. Вы устали от борьбы. Вы хотите, чтобы всё делалось, по-вашему, иначе вы уйдёте. Ситуация тянулась слишком долго, и сейчас вы хотите покоя, чего бы это вам не стоило.

2.30. Любовь. Вы думаете, что любите кого-то, тогда, как это не так. Сегодня вы любите его или её, а завтра – нет. Ваша «любовь» не опирается на ваши энергетические поля сексуальной любви или божественного присутствия. Данная эмоция относится к вашей привязанности, а не к действительной любви. Вам кто-то нравится, и у вас с этим человеком интимные отношения. Это создаёт видимость, будто бы вы любите его или её. В этой эмоции отсутствует конкретный признак любви, которую порождает диалог с вашей душой.

2.31. Радость. В этой эмоции вы находитесь в беззаботном состоянии. Завтра вы можете быть печальным, но сегодня вы хотите быть счастливым.

2.32. Печаль. Даже если нет ничего, о чём можно было бы печалиться, вы чувствуете печаль.

2.33. Гнев. Гнев вызывает неразумный неправомерный ответ на воспринятое причинение вреда действием или словом, кроме, обычно, случаев с почитателями Бога или Бога самого. Обычный человек даст неумышленный или преднамеренный ответ, который будет чрезмерным и неправомерным, если человек способен домогаться мести. В случае недостижимости мести, мысли человека будут сконцентрированы и лицо, которое причинило вред, через некоторое время в будущем будет страдать ещё больше. Создаётся цикл мести, и гнев с обеих сторон будет расти, и распространяться на других.

2.34. Страх Бога. Большинство людей имеют привязанность. Они хотят жить, они хотят чем-то владеть, они хотят удовольствий. Находясь в данном эмоциональном состоянии люди понимают, что всё, чем они владеют, в любой момент может быть у них отобрано. В большей части она возникает, когда у людей появляется какое-нибудь свидетельство, что это произошло с кем-то другим.

2.35. Смелость. Вы храбрец. Вы не думаете о риске, которому себя подвергаете, а бросаетесь на встречу опасности. В наши дни многие люди проявляют смелость в экстремальных видах спорта.

2.36. Отвращение. Это фундаментальная эмоция, один из пяти недугов человечества, определяющих его судьбу. Вам причинили боль и, затем, у вас появляется неприязнь, которая определяет ваше поведение в будущем.

2.37. Удивление. Здесь вы приятно удивлены и желаете узнать, почему это с вами произошло. Незнакомец дарит вам ко дню рождения подарок.

2.38. Невозмутимость. Вы не так нервозны, как должны были бы быть. Каждый привязан к одним вещам и питает отвращение к другим. У вас собираются отобрать что-то, к чему вы привязаны, или должно произойти что-то, к чему вы питаете отвращение. Нервничать – это нормальная реакция, волноваться о том, как плохо оно будет. Но, даже не смотря на то, что вы привязаны к этому объекту и питаете отвращение к этому событию, вас не заботит, что будет дальше.

2.39. Улыбка. Многие люди улыбаются в подходящих и не подходящих для улыбок обстоятельствах.

2.40. Довольный. Вы рады, что с кем-то произошло нечто плохое, даже если он или она не сделали ничего плохого ни вам, ни тем, кого вы знаете.

2.41. Безразличие. Вам всё равно, что с вами может произойти что-то хорошее или что-то плохое, даже не смотря на то, что вам хотелось бы, чтобы произошло вот это хорошее, и не хотелось бы, чтобы произошло плохое. Кто-то говорит о вас что-то хорошее. Но, вам это не приносит счастья, не смотря на то, что вы любите себя и уважаете его или её мнение.

2.42. Горе. Вы горюете по кому-то, к кому не были привязаны. Вам печально, что вы потеряли свои часы, даже если у вас достаточно денег, чтобы купить новые, и нет привязанности именно к тем часам.

2.43. Дрожь. Дрожь появляется тогда, когда вам угрожает кто-нибудь, кто эмоционально, умственно или физически сильнее вас.

2.44. Испуг. Вы оказываетесь излишне напуганы. вас пугает гром, пауки или полёт на самолёте.

2.45. Героизм. Вы совершаете смелые дела с целью порисоваться. Я мужчина и делаю нечто опасное.

2.46. Невыносимое отношение. вам отвратительны ваши собственные чувства, вас воспитали с верой, что нагота – это плохо. И, не смотря на это, вы хотите видеть наготу, вы жаждете её, но вы не можете её видеть. Вы раните людей и не можете выносить мысли о том, что вы несёте ответственность, и что вы сделали это.

Глава 3. Как вы можете себе помочь?

Эмоции рождаются в вашей чакре Сурья. Сурья в переводе с санскрита означает солнце. Солнцем не возможно управлять напрямую. Оно слишком горячее, чтобы до него дотронуться. Оно не предназначено для того, что бы его касаться. Эмоции - мощны. Только чакра луны – чакра Сома – в центре вашего мозга, может управлять солнцем. А чакра луны напрямую управляется вашей душой. Вы не контактируете со своей душой, и не думайте об управлении ею. Только Бог может управлять и управляет вашей душой.

Прежде всего, когда вы находитесь под влиянием эмоции, вы потеряли управление. Ваш разум захвачен. Как следствие, когда вы находитесь под влиянием эмоции, нанесёте себе исключительно вред, если вы даже только попытаетесь, что вы в большей части не сможете сделать, повлиять на состояние брюшной полости. Нам не легко расслабиться и расслабить область живота. Что обычно происходит, когда пытаетесь сделать это - живот становится твёрдым и только усугубляет проблему. Однако, в попытках расслабить живот могут использоваться другие средства. Лекарства вреднее, чем болезнь.

Эмоции - естественны. Естественно разозлиться, если кто-то вам делает что-нибудь плохое. Признаком продвижения в излечении будет более короткий период времени, чем это было раньше, в течение которого вы будете сохранять злость. Наряду с сексом и любовью, эмоция является составляющей частью основной жизненной силы. Она не должна исчезнуть.

Эмоциональные трудности часто своими корнями уходят глубоко в детство. Они там были много лет и их тяжело лечить, по этой причине тоже.

Существует одно фундаментальное средство, которое помогает каждому. Это проявить любовь и построить дружбу с коллегами и друзьями, ухаживать за своими детьми и родителями. Удовлетворение своим полем эмоциональной энергии увеличивается только в результате передачи любви (действительной любви) от других людей, но не от вашего супружеского партнёра.

Существует шесть других, временных скорее, чем фундаментальных, подходов к лечению вашего поля эмоциональной энергии. Это следующие шесть методов:

1	Цвет	Глава 4
2	Уравновешивающие эмоции	Глава 5
3	Музыка	Глава 6
4	Физический контакт	Глава 7
5	Вода	Глава 8
6	Индийский танец	Глава 9

Первые пять из этих вторичных подходов работают в зависимости от характеристик вашего тела и ума. В индийской медицинской науке, Аюрведа, говорится, что существует пять характеристических типов. Нижеприведенная таблица показывает вам, какое из оставшихся 5-ти средств работает для вас, в зависимости от вашего аюрведического дисбаланса:

Ваш дисбаланс	Характеристика	Средство для эмоционального поля
Нехватка ваты	Низкая подвижность	Цвет
Избыток капхи	Медленный ход мысли	Уравновешивающие эмоциии
Нехватка питы	Низкий обмен веществ	Музыка

| Избыток питы | Высокий обмен веществ | Физический контакт |
| Избыток ваты | Высокая подвижность | Вода |

Вата и пита могут меняться в течение вашей жизни, а капха остаётся постоянной вплоть до дня, предшествующему вашей смерти.

Глава 4. Цвет

Если у вас недостаток ваты, исправить его помогает просмотр цветных изображений, в соответствии со своим эмоциональным ссстоянием. Разные эмоции окрашивают ум по разному. У каждого человека есть одно фундаментальное эмоциональное расстройство, которое управляет им. В течение жизни оно может меняться, но не часто.

Цвет или цвета, соответствующие этому расстройству, необходимо видеть. Лучше всего вам самому собрать свою коллекцию красивых изображений природы, женщин, животных, птиц и т.п., которые бы содержали необходимые вам цвета.

Каждый день вам следует проводить несколько минут наедине с собой, как это описано выше. В это время вы можете полистать свой альбом цветных изображений, и это поможет вам оставаться спокойным.

На задней обложке книги показаны 6 цветов, которые необходимы для шести эмоциональных характеристик, которые я эписал ранее. Полную таблицу необходимых вам цветов, которые соответствуют вашему эмоциональному типу, можно загрузить с вэб-страницы http://www.lovingheartcentre.net/ColoursforEmotionalDifficultiesR.htm.

Глава 5. Применение уравновешивающих эмоций

В вашей системе может присутствовать аюрведический дисбаланс, известный как избыток капхи: Вы продумываете всё до конца и делаете всё размеренно и взвешенно (см. главу 3). В таком случае вы можете применять то, что я называю переживанием уравновешивающей эмоции. Уравновешивающие эмоции приведены в нижеследующей таблице:

Эмоция		Уравновешивающая эмоция	
1	Спокойный	36	Удивление
2	Чувственный	45	Невыносимое отношение
3	Весёлый	44	Героизм
4	Жалкое поведение	43	Испуг
5	Взбешённый	42	Дрожь
6	Ужасный	41	Горе
7	Гротескность	40	Безразличие
8	Жалкие эмоции	39	Довольный
9	Свирепость	38	Улыбка
10	Безмятежность	37	Невозмутимость
11	Эротический	26	Насмешка
12	Смешной	35	Отвращение
13	Сострадание	34	Смелость
14	Возмущение	33	Страх (Бога)
15	Страх (за себя)	32	Гнев
16	Отвага	31	Печаль
17	Отвращение	30	Радость
18	Изумительный	29	Любовь
19	Преданный	28	Спокойные эмоции
20	Очаровательный	27	Жалкие мысли
21	Презрение	16	Отвага
22	Небесное	25	Творческий
23	Любовное	24	Спокойное размышление
24	Спокойное размышление	23	Любовное
25	Творческий	22	Небесное
26	Насмешка	21	Презрение
27	Жалкие мысли	20	Очаровательный
28	Спокойные эмоции	19	Преданный
29	Любовь	18	Изумительный
30	Радость	17	Отвращение
31	Печаль	6	Ужасный
32	Гнев	15	Страх (за себя)
33	Страх (Бога)	14	Возмущение
34	Смелость	13	Сострадание
35	Отвращение	12	Смешной
36	Удивление	11	Эротический
37	Невозмутимость	10	Безмятежность
38	Улыбка	9	Свирепость
39	Довольный	8	Жалкие эмоции
40	Безразличие	7	Гротескность
41	Горе	1	Спокойный
42	Дрожь	5	Взбешённый
43	Испуг	4	Жалкое поведение

44	Героизм	3	Весёлый
45	Невыносимое отношение	2	Чувственный

Последние две колонки таблицы показывают эмоцию, которую, если вы её проявите, поможет преодолеть неправильную работу каждой их ваших возможных 45 эмоций.

Чтобы дать вам пример, что нужно делать, давайте представим, что вы часто становитесь взбешённым. Вам нужно прсявить дрожь. В главе 2.1 даны описания этих эмоций, что каждая из них означает.

Вам, человеку с избыточной капхой, чтобы вылечить своё первичное эмоциональное затруднение, необходимо находиться под влиянием этой уравновешивающей эмоции, в течение 1 часа один раз в неделю, на протяжении трёх месяцев.

Глава 6. Музыка

Музыка помогает разрешить эмоциональную затруднённость тем, у кого аюрведическое строение характеризуется недостатком питы (смотрите Главу 3). Ключевым симптомом недостатка питы является низкий обмен веществ – вы легко набираете вес.

Большинство видов музыки приводят в движение ваши эмоции, даже классические западные инструментальные грэйтс.

Единственная музыка, которая оказывается в некоторых случаях целительной и никогда не вредит – это традиционная индийская инструментальная музыка. Но, только в том случае, если она исполняется без фальши. В моих медитациях мне была дана также и лучшая подборка такой музыки. Я её использую в качестве фона в наборе своих дисков DVD.

Каждая музыка производит свой эффект, но во всех 45 случаях эмоциональных проблем можно помочь прослушиванием той или иной записи из тех, которые я подобрал.

Если у вас недостаток питы, то чтобы вылечить данное первичное эмоциональное затруднение, вам необходимо находится под влиянием этой уравновешивающей эмоции в течение 1 часа один раз в неделю, на протяжении трёх месяцев.

Список из записей, которые мне были даны, и эмоции, которым соответствует каждая из мелодий, можно загрузить с вэб-страницы
http://www.lovingheartcentre.net/MusicforEmotionalDifficultiesR.htm.

Глава 7. Физический контакт

У вас может быть аюрведическое строение, которое характеризуется избытком питы (см. главу 3). Ключевым симптомом избытка питы является высокий обмен веществ — вы не набираете вес В таком случае, одно из решений ваших эмоциональных трудностей лежит через прямой физический контакт.

Непосредственный физический контакт - это наиболее прямой путь помочь представителю противоположного пола (иному, чем супружеский партнёр) с эмоциональной травмой. Вам необходимо провести 4 часа вместе в расслабленном состоянии в тихой приватной атмосфере. Ваша кожа должна касаться его или её кожи.

Глава 8. Вода

Если в вашей системе есть избыток ваты (см. главу 3), характеризующийся тем, что вы становитесь очень подвижным, вы можете разрешить свою эмоциональную проблему, контролируя, что вы пьёте. Сегодня большая проблема состоит в том, что люди пьют слишком много воды. Это ведёт к избытку ваты в вашей системе. Чрезмерное количество поездок также вызывает избыток ваты.

Вы можете употреблять немолочные напитки. Вода сильно загрязнена, так как берётся из стоков, и в неё добавляются искусственные компоненты. Если пить такие напитки, то это приведет к вредному действию на ваше эмоциональное состояние. Это, в свою очередь, ведёт к умственным затруднениям. А умственные затруднения вызывают у человека небрежность к своему телу, он перестаёт о нём заботиться и этим повреждаются все семь энергетических сфер.

При такой степени загрязнения окружающей среды во всём мире, безопасно и в достаточных количествах можно пить только молочные продукты — молоко и йогурт. Молочные продукты очищены тем, что были в контакте с коровой, и содержат все составляющие, в которых нуждается ваше тело, кроме сахара.

Глава 9. Индийский танец

Шестой метод помогает всем. Он использует древнюю индийскую систему танца – Натья Шастра.

Однако, это не так сложно, как вам кажется. В системе Натья Шастра было 108 основных танцевальных движений (называются – карана). Каждое из них соответствует 45 ключевым человеческим эмоциям, согласно нижеприведенной таблице. К сожалению, с засилием Западного влияния в Индии, сегодня в классическом индийском танце больше не используются эти движения. К счастью, содержание каждого из этих 108 движений изображено в замке Чидамбарум в южной Индии. В четвёртой главе первого тома книги «Natya Shastra of Bharatmun», изданной К. Л. Джоши (K. L. Joshi), описывается каждая карана с иллюстрациями сути каждой последовательности движений.

	Карана	Эмоция	
1	Талапуспута	Спокойный	
2	Вартита	Чувственный	
3	Валиторука	Весёлый	
4	Апвидха	Жалкое поведение	|
5	Самнакха	Взбешённый	
6	Лина	Ужасный	
7	Свастика Речита	Гротескность	
8	Мандла Свастика	Жалкие эмоции	|
9	Никутта	Свирепость	
10	Ардха Никутта	Безмятежность	
11	Катиччинна	Эротический	
12	Ардха Речита	Смешной	
13	Вакша Свастика	Сострадание	
14	Унматта	Возмущение	
15	Праста Свастика	Страх (за себя)	|
16	Свастика	Отвага	
17	Двика Свастика	Отвращение	
18	Аллата	Изумительный	
19	Кат сам	Преданный	
20	Акспта Речита	Очаровательный	
21	Виксиптасиптака	Презрение	
22	Ардха Свастика	Небесное	
23	Анцитан	Любовное	
24	Буджангтрасита	Спокойное размышление	|
25	Урдхва Джану	Творческий	
26	Никунчита	Насмешка	
27	Маталли	Жалкие мысли	
28	Ардха Маталли	Спокойные эмоции	|
29	Речита Никутта	Любовь	
30	Падапавидхакам	Радость	
31	Валита	Печаль	
32	Гумита	Гнев	
33	Лалита	Страх (Бога)	|
34	Дандпакша	Смелость	
35	Буджангтраста Речитам	Отвращение	
36	Нупур	Удивление	

37	Ваишака Речитам	Невозмутимость	
38	Брамарам	Улыбка	
39	Чатура	Довольный	
40	Буджанганчита	Безразличие	
41	Данда Речита	Горе	
42	Врашчкакуттана	Дрожь	
43	Катибранти	Испуг	
44	Латаврашка	Героизм	
45	Чинна	Невыносимое отношение	
46	Вришка Речита	Спокойный	
47	Вришка	Безмятежность	
48	Вьянсита	Преданный	
49	Парсваникутта	Спокойные эмоции	|
50	Лаллаттилак	Невозмутимость	
51	Кранта	Чувственный	
52	Кункта	Эротический	
53	Крамандалам	Очаровательный	
54	Уремандала	Любовь	
55	Аксипта	Улыбка	
56	Талавилесита	Весёлый	
57	Аргела	Смешной	
58	Викшипта	Презрение	
59	Авритта	Радость	
60	Доллапада	Довольный	
61	Винвратта	Жалкое поведение	|
62	Винвритта	Сострадание	
63	Параквакрант	Небесное	
64	Нишмбхита	Печаль	
65	Видубхдранта	Безразличие	
66	Атикранти	Взбешённый	
67	Вивартита	Возмущение	
68	Гаджакридита	Любовное	
69	Таласанафотита	Гнев	
70	Гарудаплута	Горе	
71	Ганда Сучи	Ужасный	
72	Паривритта	Страх (Бога)	|
73	Самуддхишта	Спокойное размышление	|
74	Градхавалина	Страх (за себя)	|
75	Самната	Дрожь	
76	Сучи	Гротескность	
77	Ардха Сучи	Отвага	
78	Сучивидхан	Творческий	
79	Апакранти	Смелость	
80	Маюра Лалита	Испуг	
81	Сарпита	Жалкие эмоции	|
82	Дандапада	Отвращение	
83	Харинаплута	Насмешка	
84	Прендкхолита	Отвращение	
85	Нитамба	Героизм	
86	Искалита	Свирепость	
87	Карихаста	Изумительный	
88	Прасарпита	Жалкие мысли	|

89	Сиханвикридита	Удивление
90	Синанкарсита	Невыносимое отношение
91	Удвроттан	Безмятежность
92	Упасрата	Преданный
93	Таласангхаттита	Спокойные эмоции
94	Джанитан	Невозмутимость
95	Авахиттха	Спокойный
96	Нивеша	Эротический
97	Илакаридата	Очаровательный
98	Урудвтотан	Любовь
99	Мадасхалитс	Улыбка
100	Вишнукранта	Безмятежность
101	Самбрханата	Смешной
102	Вишкамбха	Презрение
103	Удхаттита	Радость
104	Врашбхакридита	Довольный
105	Лолита	Преданный
106	Нагапсарпита	Сострадание
107	Сактасья	Небесное
108	Гангаватарана	Печаль

Поэтому, любой студент классического индийского танца может помочь вам с отработкой нужных позиций.

Нахождение в этих позициях усиливает эмоции, которым они соответствуют.

Продолжительность времени, в течение которого требуется находиться в позиции, зависит от того, насколько быстро вы хотите освободить своё мыслительное поле от беспокойства, вызываемого эмоцией, от которой вы хотите освободиться.

Например, если вас легко рассердить, вам нужно в списке найти «гнев» и «противостоящую» ему эмоцию. Вам потребуется выполнить две или три позиции для этой уравновешивающей эмоции по 30 минут в неделю в течение года, чтобы излечиться от первичной эмоции, и получить удовлетворение в этом отношении.

Когда используется уравновешивающая карана, применяются только движения телом - ног и рук, а не детализированные жесты головой, кистями рук и ступнями ног.

Также не нужно думать о движениях, вводящих в позицию и выводящих из неё, ни об эмоции, которая обрабатывается – ум должен оставаться спокойным.

Если вы будете общаться с индийским танцором, ему или ей, при описании необходимых вам позиций карана, потребуется заполнить таблицу по образцу, который я приготовил для караны под названием «Талапусппута».

Конечность: Талапусппута

Кисть правой руки В форме чашки, обращенной вверх, в предлагающем жесте.

Кисть левой руки Так же, как для правой руки, мизинцы обеих рук касаются друг друга.

Правая ступня Ступня повёрнута вправо на 30 градусов, 15 см сзади и слева от левой ступни. Стоять необходимо на носках ступней.

Левая ступня Повёрнута влево на 10 градусов.

Правая рука Согнута на 50 градусов, предплечье параллельно земле, повёрнуто влево на 45 градусов

Левая рука	Положение, аналогичное положению правой руки. Касается правой руки в запястье.
Голова	30 градусов влево, 45 градусов вниз, взгляд – на ладони.
Шея	Расслаблена
Тело	Согнуто вперёд на 30 градусов, повёрнуто на 30 градусов влево.
Грудь	Расслаблена.
Правая нога	Находится позади левой ноги, согнута в колене на 30 градусов.
Левая нога	Согнута в колене на 10 градусов.

Глава 10. Счастье и печаль

Психологи считают, что счастье и печаль – это тоже эмоции. Но это не так. Хотя их удобно рассматреть в этой книге, поскольку они связаны с эмоциональностью.

Вычислительная машина не может быть ни счастливой, ни печальной. В наши дни мужчины и женщины потеряли связь со своим сердцем. 99 % сосредоточены на работе гооловой, а не на чувствах своего сердца. Ум вам дан , чтобы объяснять информацию, анализировать её и принимать решения. Он не сделает вас ни счастливым, ни печальным. Счастье, печаль, а также, эмоции живут в вашей душе, а не в уме..

По закону о причине и следствии, люди испытывают счастье и печаль, которые рождены добрым или злым мвыбором в прошлом. Но тут лежит несовпадение между головой и сердцем, между самим собой и душой. Ощущение счастья даёт подъём положительным эмоциям, чувство же печали наоборот рождает отрицательные эмоции.

Счастье в душе рождает подъём в сердце, сердечный смех. Этот сердечный смех - безобиден. Он не ведёт ни к привязанности, ни к желанию испытывать что-либо ещё, несущее удовольствие.

Печаль в душе ведёт к плачу. Плач, если он душевный, он лечит. Выплакавшись, вы преодолеваете события, которые привели вас к печали. В наше время, если человек плачет, он делает это не от души. Он делает это от головы – у него есть цель. Например, человек хочет привлечь внимание, или завоевать симпатию, или показаться несчастным. Такой плач иссушивает эмоциснальную энергию, делает человека слабее на эмоциональном уровне и усиливает его отрицательные эмоции. Эмоциональная слабость, в свою очередь, истощает силу вашего поля умственной энергии.

Конечно, плач возникает и инстинктивно, при получении человеком сильного болевого шока. То есть, если человек оглушён болью.

Смех, рождённый работой ума, также вреден. Он углубляет искажения ваших положительных эмоций.

Плач любого вида истощает вашу умственную энергию. Вам необходимо расслабиться. Не следует делать ничего, того, что обычно делает вас счастливым. Например, не нужно есть сладостей или заниматься сексом. Подобные ощущения будут тоже нести вам печаль. Вместо этого, лучше занять себя какой-нибудь рутинной работой, пока не устанете, а затем лечь спать.

Некоторые из вас, вероятно, читали другие мои книги о совершенствовании энергетических полей. Нижеприведенная таблица показывает вред, который наносят эмоциональные трудности вашим семи энергэтическим полям. Другие эмоциональные трудности вашим энергетическим полям ни врэдят и ни помогают.

Эмоция	Энергетическое поле
Улыбка	Физическое
Жалкие мысли	Сексуальное
Невыносимое отношение	Сексуальное
Спокойный	Эмоциональное
Отвращение	Эмоциональное
Насмешка	Эмоциональное
Любовь	Эмоциональное
Гнев	Эмоциональное
Довольный	Эмоциональное

Смелость	Любовное
Удивление	Любовное
Жалкое поведение	Духовное
Взбешённый	Духовное
Ужасный	Духовное
Безмятежность	Духовное
Невозмутимость	Духовное
Дрожь	Духовное
Чувственный	Божественное
Отвага	Божественное
Презрение	Божественное
Печаль	Божественное

Глава 11. Повторный брак

В наши дни брак существует не для любви, а для удовлетворения вашего эмоционального энергетического центра. Вот, что я недавно посоветовал своей подруге:

16 ноября 2005

Уважаемая XX,

Отвечаю на Ваш вопрос:

"Я жила с мужчиной на протяжении четырех лет. Когда мы сошлись, сначала все было замечательно. Теперь, моя любовь к нему умирает. Что я должна сделать?"

Уважаемая хх,

Сначала Вам следует знать, что в наш век это естественно. Люди не привыкли к тому, что нужно полностью отдаваться, для того, чтобы брак существовал. С Вашим замужеством произошло то же, что происходит почти с каждым браком, за исключением того, что Ваш длился дольше, чем большинство других.

Во-вторых, Вам следует знать, что Вы были женаты, даже если у Вас не было обручального кольца или какого-то документа.

Когда Вы женаты на человеке, независимо от того, мужчина Вы или женщина, лучшее, что Вы можете сделать, это приложить все усилия, чтобы создать благополучный брак. Любовь - это то, о чем Вы слышите в фильмах, но сегодня она встречается редко. Вы вдвоем были эмоционально привязаны друг к другу, занимались сексом, и поэтому думали, что любите друг друга.

Вы должны трезво спросить себя, сможете ли Вы найти лучшего человека? И даже больше, предположим, что вам это удастся, будете ли Вы сильнее стараться сделать ваш следующий брак удачным?

Скорее всего ответом на эти два вопроса, будет, нет. Очевидно ваш друг (друг, потому что Вы больше не любите друг друга, Вы больше не женаты) не очень плох. Иначе, Вы не задали бы мне вопрос в такой форме.

Итак, мой совет Вам - это то, что Вы вдвоем должны попробовать еще раз. Поговорите с ним, и предложите следующее:

- Вы живете отдельно на протяжении двух месяцев.
- Через месяц Вы снова начинаете встречаться, т.е. видеть друг друга. Вы не должны быть сексуально активны более одного раза в неделю. Вы не должны заниматься сексом.
- Через два месяца съездите вместе в отпуск на неделю. Пообещайте друг другу заботиться друг о друге до конца вашей жизни.
- Пообещайте друг другу, что постараетесь сделать Вашего партнера счастливым.
- Пообещайте друг другу, что Вы не будете спорить и ссориться.
- Как только Вы дали друг другу обещания, займитесь сексом. Вы снова женаты.

После этого, Вам нужно сделать всё, чтобы сдержать данные обещания. Чем больше обещаний Вы сдерживаете, тем счастливее вы становитесь. Чем больше обещаний сдержите Вы, тем больше обещаний сдержит Ваш муж.

Всего Вам наилучшего,

Выводы

В наши дни у психологов модно придумывать всевозможные тесты «исследования личности». Вас относят к тому или иному типу личности. Вы «интроверт». Или вам показывают чернильные кляксы и просят передать своё первое впечатление. Вы «являетесь» девятиугольником типа 8.

Всё это отнюдь не помогает человеку, желающему фундаментально исцелиться. Фундаментальная эмоция может качнуть человека в любой момент времени, что даст повод психологу отнести вас к тому или иному типу людей. Вам следует устранять причину, которая лежит в корне – одиночная эмоциональная болезнь, неблагоприятно воздействующая на способность ума правильно принимать информацию, беспристрастно её анализировать и приходить к верным решениям. Как вы увидите, существует 45 эмоциональных болезней, и только одна из них вредно воздействует на ваш ум во время чтения этой книги. Во второй главе этой книги я показал эти 45 эмоций и объяснил значение каждой из них.

Удовлетворение своим полем эмоциональной энергии возрастает только в результате передачи любви от ваших коллег (не супружеских партнёров), от общественного окружения, знакомых, родителей и детей. вам нужно ухаживать за родителями и воспитывать детей, чтобы они уважали и любили вас. Эта передача любви происходит автоматически, если вы любите или стремитесь любить их.

Хотя слово «любовь» здесь употреблено неправильно. Любовь предполагает связь сердец мужчины и женщины. Я называю это «любовью сердец». Все остальные формы любви являют собой не более, как эмоциональную привязанность. Для наполнения эмоционального энергетического центра, вам необходимо вступить в брак и найти человека, которого бы вы «любили», независимо от того, будет ли это настоящая «любовь сердец» или нет.

Для совершенствования этого энергетического поля, вам также необходимо придерживаться этических принципов и следить за удовлетворённостью полей сексуальной и физической энергии. Расстройства в самих человеческих эмоциях происходят от желания и привязанности.

Поле эмоциональной энергии концентрируется в чакре Сурья. Сурьей в Индии называют Бога Солнца. Сэр Дж. Вудрофф в своём труде об индийском знании чакр назвал её солнечным сплетением, и выражение прижилось.

В этой книге я показал все шесть из шести существующих средств решения ваших эмоциональных проблем. При использовании трёх из этих методов вам понадобится дополнительная помощь.

Других методов фундаментального лечения эмоциональных проблем не существует. То, что сегодня вы чувствуете печаль, а завтра – нет, не означает, что эмоциональная проблема исчезла. Философия йоги говорит, что эмоции либо спят, либо истощены, либо прерваны, либо активны.

Совершенствование своего поля эмоциональной энергии

Авторская аннотация

В наши дни мы на каждом шагу сталкиваемся с крайностями. Одни из нас вообще не проявляют эмоций, они ведут себя как производительная машина. Другие – крайне напряжены, взвинчены, любое мало-мальски значительное расстройство может вызвать у них нервный срыв.

Производительные машины полезны. Но они тоже иногда ломаются. Правда для этого им нужен удар по сильнее, чем тем кто находится в напряжении. От такого сильного удара человек-машина ломается безвозвратно, тогда как для напряжённого человека срыв может быть временным состоянием.

Но человеческая жизнь не подразумевает работу наподобие машины. Есть ещё солнце и любовь, есть злость и так далее. Эти понятия существуют в мире, чтобы их чувствовать. Если свои эмоции подавлять, вы никогда не ощутите радости. Вы этого хотите?

Нахождение в высоком нервном напряжении очень вредит вашему здоровью. Ваши нервы постоянно находятся на пределе. В самом этом мире присутствует высокое напряжение. Даже если вы не напряжены, вы всё равно испытываете стресс.

В этой книге я объясняю, что вы можете страдать от 45 эмоций и описываю их. Одним из затруднений, от которого страдают многие из нас, является сдерживание своих эмоций. Именно от этого специфического эмоционального затруднения страдает большинство людей на Земле, «людей-машин». Другая часть людей страдает от какой-нибудь одной из остальных 44 эмоций. Ваши эмоциональные трудности не есть нечто неизменное. Их не несут ваши гены или кислоты ДНК. Вы просто научились лучшим образом приспосабливаться к трудностям жизни, с которыми сталкиваетесь. Но жизнь тоже меняется. Вы можете научиться чему-то другому, узнать о других способах и принять их на вооружение.

Вы не машина. Вы не принадлежите к какому-то одному типу. В одни моменты вы можете быть экстровертом, в другие – интровертом. Не стоит относить себя к определённому «типу личности». Вы есть Вы. Иногда злой, иногда печальный и т. д. Это естественно и является частью жизни.

Основная цель этой книги – показать, как можно определить, от какого эмоционального затруднения вы страдаете в настоящее время, и как его можно убрать.

Мнение читателя

А. Эта книга меня изумляет. Её должен прочитать всякий, кто интересуется психиатрией. Я первый раз в жизни увидел смысл в этом предмете. А ведь я психиатр!

Врач ведущей лондонской больницы

Б. Автор краток и очень информативен. Его техника работы с эмоциональной энергией человека полностью совпадает с выводами, к которым я пришёл после 46 лет жизни на этой земле. С уверенностью заявляю – всё, о чём пишет автор, всё работает.

Инженер транспорта, Киев, Украина

Шям Мехта, Центр Любящего Сердца
www.lovingheartcentre.net

Шям занимается йогой с 1957 года, а преподаёт её с 1973 года.

Он получил христианское воспитание в Англии.

В Кэмбриджском университете он начал интересоваться философией йоги и индуизмом.

Позже он снял вою индусскую священную нить, с целью полностью посвятить свою жизнь помощи всем добрым людям становиться счастливыми.

В своей жизни Шям обрёл разнообразный духовный опыт, и каждое мгновение, свободное от сна, он поклоняется Богу.

В наши дни у психологов модно придумывать всевозможные тесты «исследования личности». Вас относят к тому или иному типу личности.

Всё это отнюдь не помогает человеку, желающему фундаментально исцелиться. Вам следует устранять причину, которая лежит в корне – одиночная эмоциональная болезнь, неблагоприятно воздействующая на способность ума правильно принимать информацию, беспристрастно её анализировать и приходить к верным решениям.

В этой книге я излагаю, как вы можете избавиться от эмоциональных затруднений. Например, в зависимости от эмоционального затруднения доброе вздействие на вас окажут следующие цвета:

Взбешённый
Дрожь
Возмущение
Страх Бога
Презрение
Отвага